Lb 1785.

PÉTITION

DES

Membres de la Commission

DES

CONDAMNÉS POUR CAUSES POLITIQUES,

ADRESSÉE AUX DEUX CHAMBRES.

1852

IMPRIMERIE DE DAVID,

BOULEVART POISSONNIÈRE, N° 4 bis.

PÉTITION

DES

Membres de la Commission

DES

CONDAMNÉS POUR CAUSES POLITIQUES,

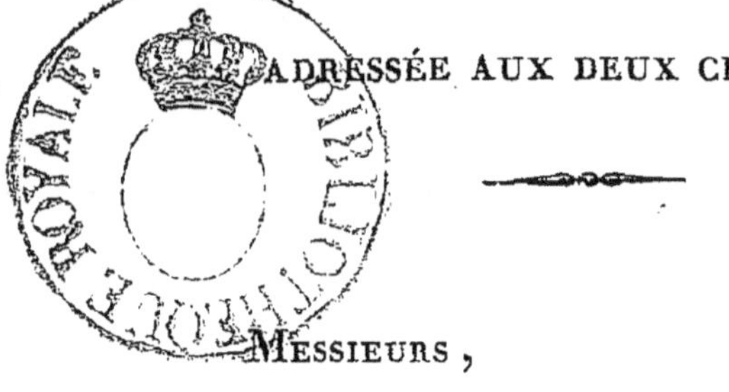

ADRESSÉE AUX DEUX CHAMBRES.

Messieurs ,

S'il était permis de vous présenter des pétitions collectives , les soussignés , composant la commission des condamnés politiques , seraient autorisés , ou plutôt obligés par leur mandat à vous parler au nom de plusieurs milliers de citoyens condamnés pour causes politiques sous la Restauration. La loi et l'usage nous défendent cette démarche; nous allons donc vous parler en notre propre et privé nom. Mais la loi ni l'usage ne vous défendront pas d'observer , en nous lisant, que nos nombreux compagnons d'infortune ont les mêmes titres que nous, et qu'ainsi l'équité demande une mesure générale , dont votre patriotisme prendra sans doute l'initiative.

Cela posé, nous vous prions, Messieurs, de provoquer une loi qui accorde aux soussignés, tous condamnés politiques sous la Restauration, 1° l'abolition pleine et entière des arrêts qui les ont frappés; 2° et des indemnités pécuniaires proportionnées aux pertes que chacun d'eux a éprouvées par suite de ses condamnations.

Veuillez, Messieurs, nous écouter un instant; nous allons justifier en ses deux points cette double demande et répondre aux objections habituelles de nos adversaires. Mal accueillis une première fois dans vos bureaux, nous devons donner à nos motifs plus de développement et de gravité ; cependant nous nous bornerons encore à l'indication de quelques principaux faits.

De deux choses l'une : ou la révolution de juillet n'est pas légitime et nationale, alors Charles X, sa famille et ses ministres sont patriotes, et il faut que nos adversaires proposent franchement leur rappel ; ou bien, la révolution de juillet est légitime et nationale, et alors les condamnés politiques ont bien mérité de la patrie ; car ils ont exposé leur fortune, leur liberté et leurs têtes, pour faire précisément ce qu'a fait la révolution de juillet. A la vérité elle a réussi, nous avons échoué; mais la moralité d'une entreprise ne saurait dépendre du succès ; mais ce n'est pas en France, et surtout aux Députés de la grande nation, que le dévouement malheureux doit inspirer moins d'intérêt. Napoléon, tout jaloux qu'il se montra de ménager l'utile prestige de son invincibilité, n'a-t-il jamais voulu récompenser que des guerriers vainqueurs, lui qui dans ses prisonniers même honorait le courage malheureux?

La France, nous dit-on, ayant vu par les ordonnances du 25 que les Bourbons se moquaient de leur Charte, n'eut qu'à se lever pour les renverser, et elle se leva; mais elle vous abandonna dans toutes vos tentatives, donc elle ne les approuvait point; et là est la différence entre vos œuvres et celle de juillet ; là est le mérite de celle-ci , et le tort de celles-là.

Peut-on avoir lu l'histoire et parler de la sorte ! L'histoire n'enseigne-t-elle pas en mille endroits que , si les nations n'ont qu'à se lever pour triompher , elles sont lentes à s e lever; qu'il faut toujours que des hommes hardis les réveillent et les excitent; qu'elles ne se lèvent jamais tout d'une pièce et comme un seul homme, quoi qu'en disent les rhéteurs et les poètes ; que les citoyens les plus ardens ont déjà succombé ou fort avancé la victoire, lorsque le géant sommeille , ou hésite encore gisant dans ses liens ? Si la nation s'était levée le 26, le 26 elle aurait triomphé ; car, aussitôt qu'elle est debout, ses ennemis tombent foudroyés ou se prosternent devant elle. Si les insurgés du 26 n'avaient pas eu le bonheur de prolonger la lutte jusqu'au 28 , ce qui a tenu en partie à l'imprévoyance du ministère et aux fautes de Marmont, la nation qui décidément paraît ne pouvoir se lever en moins de trois jours, ne se serait probablement pas levée cette fois encore, et les héros de juillet seraient, comme nous, de simples condamnés politiques. Si dans l'une ou l'autre de nos tentatives nous avions eu aussi le bonheur de tenir trois jours , la nation se serait infailliblement levée avec nous , et nous aurions triomphé avec elle ; et nous serions les héros de Juin (1820), ou de novembre (1827), ou de Colmar , ou de la Rochelle , ou de Saumur , ou de Bordeaux, etc.

Nous disons que la nation se serait levée avec nous ; car elle en aurait eu le temps et elle avait les mêmes motifs qui , suivant nos adversaires , l'ont déterminée à se lever en 1830 , les Bourbons n'ayant jamais cessé , depuis 1814 , de se moquer de leur Charte par des lois et par des ordonnances. Le 20 mars atteste que, dès 1815, la nation s'irritait de ces outrages et se défiait des Bourbons ; or, les évènemens postérieurs aux Cent-Jours ne devaient la rendre ni plus confiante ni plus patiente.

On a récompensé les héros de juillet ; on vient de récompenser les vainqueurs de la Bastille ; et on voudrait que les condamnés politiques n'eussent aucun titre à la bienveillance nationale, eux qui ont combattu pour la même cause, sous le même drapeau, avec moins de bonheur, mais non avec moins de dévouement et de péril ! Ne voit-on pas que la prise de la Bastille et la prise du Louvre sont le commencement et la fin d'une longue et meurtrière campagne, où la liberté n'a pas toujours eu l'avantage, mais où les soldats de la liberté, à qui on ne laissait pas le choix du terrain et des armes, ayant toujours combattu aussi bien que le permettaient les circonstances, ont tous et toujours bien mérité de la patrie.

C'est surtout en vue des conspirateurs qui figurent dans nos rangs, que nos adversaires nous repoussent en masse. Nous ne saurions sans lâcheté nous séparer de ces braves compagnons. Au jour du péril ils marchaient à notre tête ; après le combat nous tenons à honneur de marcher à côté d'eux. Et que signifie cet anathème lancé contre les conspirateurs, aujourd'hui qu'il y a des conspirateurs partout, dans toutes les classes de la nation, dans tous les corps de l'état, dans tous les emplois de tous genres et de tous étages, dans le ministère même, et jusques sur vos bancs ; vos bancs en sont peuplés. Si l'anathème doit être général, il faut expulser de toutes les fonctions publiques les conspirateurs qui les occupent. Messieurs, cela irait haut et loin. Vous ne consentiriez jamais à une pareille mesure, et nos plus chauds adversaires auraient de bonnes raisons pour s'y opposer. Si l'anathème n'est pas général, l'exception sera-t-elle en faveur des gens de Coblentz, et des hommes de Gand, et de la coterie de Paris qui vendit la France à l'Etranger en 1814, et de celle qui revendit la France en 1815; ou bien l'exception sera-t-elle en faveur des citoyens qui n'ont jamais conspiré qu'entre Français, pour la patrie, contre les étrangers et contre les princes imposés par les étrangers? Que nos adversaires répondent; ce sont eux que nous interpellons.

Voter des récompenses à des conspirateurs, c'est, disent-ils, encourager l'esprit de sédition, et cet argument leur paraît sans réplique. — Examinons..

D'abord ce ne sont pas des récompenses, ce sont de justes indemnités que nous réclamons. *Récompense* et *indemnité* ne sont pas plus synonimes que *réprimer* et *prévenir*. Ces messieurs font semblant de s'y méprendre; depuis 1814 ils sont coutumiers du fait. Voyons pourtant s'ils entendent mieux les choses que les mots.

L'histoire de tous les temps démontre que toutes les révolutions, et surtout les révolutions nationales, commencent nécessairement par une conspiration. Epaminondas et Guillaume-Tell ne devinrent les libérateurs de leur patrie qu'en se faisant d'abord conspirateurs; et de nos jours la révolution de juillet a commencé par une, ou plutôt par des conspirations, dont nos adversaires ont eux-mêmes proclamé l'existence, et auxquelles toute la partie active de la nation s'est associée avec ardeur, n'en déplaise aux contradicteurs du canapé.

Le bon sens parle ici comme l'expérience; quand

une nation est opprimée, tous les moyens de corruption et de puissance se trouvent concentrés dans les mains de ses oppresseurs. Ils ont pour eux les canons et les baïonnettes, l'argent et la police ; la nation n'a pour elle que son droit et sa masse. Son droit, on le méprise ; sa masse, qui la rend invincible une fois qu'elle est levée, l'empêche de se lever seule et avec assez d'ensemble et de promptitude. Il faut donc que les citoyens dévoués lui tendent la main, lui donnent le signal et l'exemple. Mais auparavant il faut que ces citoyens se soient plus d'une fois et secrètement concertés; or, c'est là ce qu'on appelle conspirer. Que nos adversaires cherchent des exemples contraires à notre proposition et aux exemples dont nous l'avons appuyée. Dans les temps modernes ils n'en trouveront pas un ; l'antiquité ne leur en offrira guère plus et ne leur en offrirait pas davantage, si les historiens avaient été mieux instruits et plus véridiques. Nous sommes donc autorisés à conclure qu'il y a des conspirations permises, nécessaires, méritoires, s'il y a des révolutions permises, nécessaires, méritoires; car, dit le proverbe, qui veut la fin veut les moyens.

Le seul mot de révolution effarouche certains esprits; ils les proscrivent toutes et à toujours, et sans aucun examen. Ainsi le despotisme imbécille et furieux aurait carte blanche. Caligula pourrait impunément *rafler des millions* en abattant les têtes des plus riches Gaulois ; Charles IX ordonner la Saint-Barthélemy et, de son Louvre, tirer sur les Protestans fugitifs; Louis XIV diriger, de son confessionnal, les massacres des Cévennes; et Louis XV déshonorer les femmes et les filles, embastiller leurs maris et leurs pères, et ruiner le pays en disant: peu m'importe, pourvu que cela dure autant que moi! Quoi donc! le chien, type éternel de la servitude patiente et dévouée, enfin poussé à bout par un maître brutal, pourra se révolter et le mordre? et chacun dira : c'est bien fait! et on veut qu'une nation se soumette indéfiniment à la main qui la pressure et la frappe! Non, cela est absurde partout, et en France plus qu'ailleurs. Il y a donc des cas où l'honneur, l'intérêt de la patrie, la froide raison même permettent, commandent une révolution, et par conséquent les conspirations, commencement nécessaire d'une révolution nationale.

Eh bien! messieurs, nous en appelons à vos souvenirs et à vos cœurs français, tout dans la Restauration, depuis le commencement jusqu'à la fin, ne commandait-il pas une révolution? Des intrigans avaient deux fois vendu et livré la France à l'étranger; l'étranger, occupant notre territoire et braquant ses canons dans notre capitale, nous avait imposé des princes justement proscrits et rapportés dans les fourgons des cosaques; ces princes, éternels ennemis de la France et constans alliés de tous ses ennemis, s'étaient faits les commis et les valets, les percepteurs et les bourreaux de la Sainte-Alliance; ces princes, imposés par les baïonnettes étrangères, nous imposèrent une constitution, et ne cessèrent de la violer tout le long de leurs deux règnes; ces princes mutilèrent et pillèrent effrontément notre belle France; aux étrangers, leurs patrons, ils livrèrent tout d'abord de riches provinces, nos frontières du Nord, les forteresses qui couvrent Paris, un immense matériel, des millions par centaines, nos musées et notre glorieux drapeau.

Mieux avisés et plus conséquens que le gouvernement de juillet, ils donnèrent tous les emplois aux Émigrés,

aux Chouans, aux Vendéens, aux Verdets, aux Brassards
et aux transfuges de tous les régimes , c'est-à-dire , à
leurs anciens et à leurs nouveaux complices, qui aussitôt , et sur tous les points du territoire , se mirent à
vexer, à piller, à massacrer les citoyens.

Rappelez-vous ces princes envahissant les chambres
par les fournées de pairs et les fraudes électorales ; et
par les chambres s'emparant du pouvoir absolu , de
telle sorte que les lois différaient peu ou point des ordonnances du bon plaisir.

Rappelez-vous la représentation nationale et le droit
électoral outragés dans la personne de Manuel *em-
poigné* et de Grégoire déclaré *indigne* ; la presse en-
chaînée par la censure et réduite en monopole par les
cautionnemens ; la liberté individuelle livrée par la loi
à l'arbitraire des ministres, qui la livrèrent à l'arbitraire
des préfets, qui multiplièrent à l'envi les condamnations et les exils administratifs.

Rappelez-vous le double vote qui passa partout ; le
droit d'aînesse qui n'échoua qu'à la chambre des pairs
plus clairvoyans que les députés ; le brutal licencie-
ment de la garde nationale parisienne ; l'invasion du
jésuitisme avouée par un ministre à la tribune des
pairs ; les missions prêchant partout l'intolérance civile
et religieuse, troublant la paix publique et brouillant
les ménages ; les couvens relevés plus nombreux , plus
avares que jamais ; les ignorantins faisant fermer les
écoles d'enseignement mutuel ; les jongleries pieuses ,
notamment la farce de Migné, affrontant la raison publique et révoltant le Pape lui-même ; les trésors et le
sang français prodigués pour anéantir la liberté en Es-
pagne, et livrer les patriotes espagnols aux vengeances
de Ferdinand, qu'ils avaient épargné ; l'armée française

traînée aux processions du jubilé, et les soldats, poussés à la sainte table, y communiant à cent sous par tête.

Rappelez-vous le milliard payé aux étrangers, le milliard payé aux émigrés, et les milliards annuels arrachés en temps de paix à la France épuisée.

Rappelez-vous la mise à prix de la tête de Napoléon, effrontément placardée dans tout Paris au nom de la ville de Marseille ; la capitulation de Paris indignement violée ; les listes de proscriptions dressées sous la dictée de la Sainte-Alliance ; la tête du maréchal Ney accordée aux étrangers ; le prétendu suicide du maréchal Brune, et ses assassins justifiés par un procès-verbal imposteur ; les massacres du midi auxquels les étrangers assistèrent l'arme au bras, et comme pour prêter main-forte aux égorgeurs ; l'horrible Trestaillons ne trouvant dans la chambre des députés qu'une voix pour l'accuser, et mille protecteurs forcenés qui s'empressent de l'absoudre.

Rappelez-vous les conspirations de police ; et les cours prévôtales ; et *le fatal tombereau parcourant les campagnes* ; et ce régiment transformé, à son insu, en agent provocateur, précisément au milieu d'une population aigrie ; et la clémence royale expédiant, par le télégraphe, l'ordre d'exécuter un conspirateur de 16 ans, sous les fenêtres de sa mère.

Rappelez-vous la magistrature épurée en 1815 par le maître qui la refit à son image, et les jurés choisis par les préfets ; et apprenez, par un exemple, ce que pouvait faire et ce que fit cette magistrature assistée de ces jurys. Sur la fin des Cent-Jours, ceux qui furent plus tard les brassards et les verdets, ayant prématurément risqué un mouvement royaliste, des gardes nationaux d'Arpaillargues et de Montpellier, requis par l'autorité et agissant légalement sous la conduite de leurs chefs, réprimèrent ce mouvement. Après le retour de Louis XVIII, toujours violant la capitulation de Paris qu'il avait signée, ces gardes nationaux furent, pour ce fait, traduits en jugement comme assassins, et, comme tels, condamnés, les uns aux galères, les autres à mort; et ces jugemens furent exécutés le jour même de l'arrêt, à la lueur des flambeaux.

Supposez une nouvelle Restauration; les gardes nationaux des départemens de l'Ouest seraient dans le même cas et subiraient le même sort; car ils auraient les mêmes princes et les mêmes juges.

Voulez-vous quelque chose de pire encore, s'il est possible; écoutez : une conspiration avait éclaté dans l'Isère; deux paysans, allant à la ville, sont saisis sur la route, livrés à une commission militaire, et condamnés à mort. Cependant les preuves manquaient, et les indices étaient si douteux qu'un général, alors fameux par l'atrocité de son zèle, s'étonne de la sentence, suspend l'exécution, et demande par le télégraphe une commutation de peine. Presqu'aussitôt surviennent des pièces irrécusables constatant l'innocence pleine et entière des deux victimes. Le télégraphe porte à Paris cette nouvelle avec une demande en grâce au nom du général, et bientôt le télégraphe répond : *Tuez toujours*. On tua.

Et on aura peur, et on voudra que vous ayez peur d'encourager l'esprit de sédition contre de pareils Princes; car nous n'avons jamais conspiré que contre eux, contre eux qui ont toujours conspiré, qui conspirent encore aujourd'hui contre la France, et à qui une loi récente permet de conspirer impunément jusqu'à ce qu'ils réussissent. En vérité, dans les circonstances où nous sommes, ceux qui persévèrent ainsi à s'élever contre les ennemis éprouvés des Bourbons, après avoir refusé toute espèce de sanction pénale à la loi qui exile ces princes, devraient bien plutôt avoir peur de paraître conspirer pour eux.

Vous faut-il encore un trait de caractère ? — Le soir même où les quatre sergens de la Rochelle furent décapités à la Grève, la famille royale donna bal aux Tuileries !

En cela, quelques administrations imitèrent les mœurs de la Cour : le jour où s'ouvrirent à Poitiers les assises qui envoyèrent à l'échafaud Berton et ses complices, la préfecture donna un grand bal, et le jour où fut prononcé l'arrêt de mort, les danses recommencèrent à la préfecture. Ainsi, en 1815, les furies méridionales dansaient la farandole dans le sang et autour des cadavres mutilés par leurs maris. Ainsi, certains sauvages dansent autour des captifs qu'ils vont dévorer.

Tels sont les princes dont votre législation a eu pitié ; tels sont les princes contre lesquels on a peur d'encourager l'esprit de sédition. Ah ! plutôt, si la patrie vous est chère, encouragez de tout votre pouvoir, encouragez contre eux la résistance et l'insurrection ; il en est temps encore, mais peut-être n'avez-vous plus qu'un jour pour y penser. Ne voyez-vous pas qu'ils reviennent déjà ; que les étrangers en armes serrent leurs rangs sur nos frontières pour les ramener une troisième fois ; que leurs amis de l'intérieur sont prêts à ouvrir nos portes ; que, remontés au trône, ils ne manqueront pas de se dire : nous avons échoué par la douceur en 1814, et réussi en 1815 par la perfidie et la cruauté ; soyons plus cruels encore pour réussir mieux, et soyons toujours cruels pour nous maintenir toujours. Les deux opinions extrêmes, et surtout la leur, reconnaissent et proclament aujourd'hui la désolante vérité de ce mot tristement fameux : *il n'y a que les morts qui ne reviennent pas*. Le passé vous permet-il de douter un instant qu'ils ne mettent cette maxime en pratique? Leurs sicaires ne se reposeront plus. Et lorsque les tribunaux et les commissions militaires, jugeant à tort et à travers, auront condamné les hommes les moins hostiles, le télégraphe dira encore : *tuez toujours* ; et l'on dansera encore aux Tuileries, pendant que l'on guillotinera à la Grève.

Quelques habiles espèrent sans doute manœuvrer d manière à sauver, quoi qu'il arrive, au moins leur fortune et leur vie. Qu'ils se détrompent ; ils n'échapperont pas plus que nous et que vous-mêmes aux vengeances de cette famille, qui ne sera pas dupe de leur adresse ; qui n'hésite pas à mettre à prix les têtes qu'elle veut abattre, mais qu'elle ne peut atteindre autrement. Trahir pour elle, faute de mieux, n'est pas toujours un sûr moyen de se sauver ; Fouché y fut pris.

Enfin, messieurs, la Restauration s'emporta si loin que la garde nationale elle-même alors, comme aujourd'hui et comme toujours, la grande armée de l'ordre public, perdit patience au point de se faire licencier. Si donc vous preniez quelque mesure en faveur des citoyens qui ont conspiré contre la Restauration, ce ne serait pas, comme on le dit, encourager indéfiniment l'esprit de sédition ; ce serait tout au plus encourager les citoyens à repousser tout gouvernement qui serait à la fois imposé par l'étranger, et vassal complaisant de l'étranger ; qui, abjurant toute raison, foulerait aux pieds la justice, l'humanité, l'honneur national, la constitution ; qui aurait ruiné la nation et démembré son territoire ; qui enfin aurait mérité d'être honni d'abord, et ensuite renveré par la garde nationale même.

De pareils gouvernemens ne tombent jamais assez tôt. Vous n'entendrez pas leur donner votre sauve-garde ; or, nous repousser, ce serait les protéger ; car ce serait décourager le patriotisme viril.

A ceux qui s'obstinent le plus dans leur opposition , demandez , nous vous en prions en grâce , demandez-leur ce qu'ils faisaient jadis à Coblentz, ou à Gand, ou à Paris en 1814 et 1815 ; demandez-leur s'ils n'ont jamais conspiré et pour qui ? S'ils ont conspiré pour les Bourbons, qu'ils se justifient eux-mêmes envers la France, ou qu'ils retournent vers leurs maîtres, dussent-ils revenir avec eux!

A d'autres qui n'ayant jamais conspiré se ligueraient aussi contre nous, vous pourrez demander ce qu'ils ont jamais fait pour le pays ; s'ils lui ont jamais sacrifié un sou de leur bourse, un cheveu de leur tête; s'ils ne sont pas de ces métis de tous les régimes qui, par prudence , déclamant toujours contre les insurrections, sont toujours les plus prompts et les plus habiles à profiter de celles qui réussissent, et de celles qui ne réussissent pas. Vous pourrez leur demander ce qu'ils étaient et ce qu'ils espéraient sous la Restauration, et ce qu'ils sont ou ce qu'ils espèrent aujourd'hui. Si , par hasard , ils étaient de ces hommes de chapelles et de processions qui voient la patrie dans leur coffre-fort, et la gloire nationale dans la satisfaction de leur vanité, vous ne leur permettrez pas de régler sur leurs convenances les convenances de la nation , les devoirs et les droits du patriotisme français.

Aux hommes loyaux et purs, vous direz que l'insurrection vaut mieux que la paix du bagne, et qu'à moins de réprouver la révolution de juillet, on ne saurait nous éconduire.

Quelques-uns, récusant le témoignage des faits, prétendent que la presse et l'opposition parlementaire suffisaient au salut de la France. Oui, sans doute, elles peuvent éclairer le gouvernement, quand il veut l'être; elles peuvent éclairer la nation, quand elle a besoin de l'être ; mais, quand la nation est éclairée, quand le gouvernement s'obstine à fermer les yeux, que pourraient l'opposition parlementaire et la presse, si elles ne trouvaient pour auxiliaires les conspirations qui amènent tôt ou tard une révolution libératrice.

Le gouvernement de la Restauration brava pendant seize années tous les efforts de l'opposition parlementaire et de la presse, et les pavés de juillet le renversèrent sans le convertir.

Par ce simple exposé, nous croyons avoir suffisamment établi que les conspirateurs n'ont pas moins bien mérité de la patrie que les autres condamnés politiques; seulement ils ont couru de plus grands dangers, et ce n'est pas là sans doute ce qui doit rendre leur cause plus mauvaise.

Après la révolution de juillet, les condamnés politiques ne demandaient qu'à être employés par le gouvernement; c'était la seule espèce d'indemnité qui convînt alors à leur caractère ; c'était pour eux, pour le gouvernement, pour la nation même un genre de garantie qu'il ne fallait peut-être pas dédaigner. Les émolumens d'une modeste place leur paraissaient un raisonnable dédommagement de leurs pertes, et ce dédommagement ne coûtait rien au trésor. De plus, le fait seul de leur adoption par le gouvernement constituait une véritable réhabilitation; rien ne semblait plus naturel, plus juste, plus politique. Cependant on leur a généralement préféré les hommes de la Restauration, et des hommes nouveaux, patriotes excellens peut-être , mais non éprouvés comme eux par le temps et le martyre ; comme si on avait voulu marier la Restauration avec la Révolution de juillet, sans égard pour leur incompatibilité; comme si on avait tenu à bien montrer qu'on ne voulait pas se brouiller sans retour avec la Restauration; comme si on avait, depuis 1830, découvert que le plus infaillible moyen de mener à bonne fin une entreprise , était d'en confier la conduite à ses ennemis naturels.

Lorsque l'opposition critiqua les choix étranges du gouvernement , un orateur du gouvernement répondit sans façon qu'on employait de préférence les hommes de la Restauration, par l'unique motif qu'eux seuls étaient capables. Contre-vérité doublement bouffonne ; car d'abord ce jeune orateur , homme d'esprit et de talent, n'était pas, tant s'en faut, un homme de la Restauration, et de plus on le voyait déjà épier et flairer le porte-feuille dont il vient de se saisir. Le mot piquant échappé à sa vivacité n'est donc pas le mot de l'énigme ; il semble plutôt que le pouvoir, trompé par une fausse doctrine, a pensé que, le Roi, les ministres, et quelques fonctionnaires changés, la révolution était accomplie, et que la fortune de quelques parvenus devait faire le contentement et la sécurité de tout le monde. Il faut surtout, s'écrièrent unanimement les intéressés, respecter les positions acquises. Oui , sans doute, pour la plus grande joie de ceux qui ont des positions acquises et des vues pour l'avenir; mais non pour la sûreté publique et le maintien du nouvel ordre de choses.

On a pu être séduit par l'exemple de Henri IV. En gorgeant d'or les chefs de la Ligue , en les confirmant

dans leurs charges , il parut et il crut se les être atta-
chés. En rappelant et en caressant les jésuites , il parut
et il crut les avoir gagnés. Mais lorsqu'on le voit assas-
siné au milieu de ses seigneurs par un adepte des jésuites , lorsqu'on voit ces seigneurs insensibles à sa
mort pleurée du peuple seul , et les jésuites hériter si
froidement de son cœur, on se demande si sa politique
ne l'a point trahi ; s'il n'a pas payé trop cher le mas-
que dont se couvrirent ses ennemis , et si sa mort
n'est pas une leçon faite pour effrayer les imprudens
qui seraient tentés d'imiter sa conduite. Laissons cet
exemple douteux, et passons à d'autres plus récens et
plus décisifs.

La Constituante, ayant renouvelé tout l'édifice so-
cial , avait négligé de changer les fonctionnaires pu-
blics ; la Cour s'aperçut qu'avec leur aide et l'appui
des étrangers , elle pourrait, à la première occasion
favorable , rétablir d'un seul mot tout l'ancien régime ,
et la révolution fut compromise. La Convention sou-
mise aux plus terribles épreuves qu'ait jamais subies
aucun gouvernement, en sortit victorieuse, parce qu'elle
n'employa que les hommes du nouveau système, et
qu'elle rompit nettement avec l'ancien régime.

Napoléon , arrivant au pouvoir , eut soin de confé-
rer toutes les fonctions publiques à ses créatures, et
son empire dura 14 ans.

En 1814, Louis XVIII crut faire un acte de fin politique en respectant, comme on dit, les positions acquises. Aussi Napoléon fut-il prophète, lorsqu'en par-
tant de l'île d'Elbe , il dit à sa poignée de braves : mon
aigle volera de clocher en clocher jusqu'aux tours de
Notre-Dame.

Louis XVIII profita du moins de cette leçon, aujour-

d'hui dédaignée. Il ne souffrit nulle part que des hommes à lui et des ennemis de ses ennemis. Or, malgré
les efforts de la presse et de l'opposition parlementaire,
malgré les conspirations sans cesse et partout renais-
santes, malgré la répugnance et la haine de la nation,
malgré ses fautes, ses parjures et ses crimes, la seconde
Restauration dura 15 ans; la première n'avait duré que
10 mois.

Le gouvernement est, dit-on, dans son droit; les
emplois lui appartiennent, il les donne à qui il veut,
et la confiance ne se commande pas. A la bonne heure;
mais comment se fait-il que la confiance du gouvernement né des barricades, comme on disait en 1830 et
même en 1831, aille trouver précisément les hommes
de la Restauration, se jette à leur tête, et poursuive
jusqu'en pays étranger ceux qui affectent de la fuir,
tandis qu'elle fuit avec une si étonnante constance les
patriotes qui la recherchent?

Au reste, nous n'entendons ici que signaler un fait,
malheureusement trop caractéristique, et dont l'indication est nécessaire à notre cause, soit que nous devions
la perdre, ou que nous devions la gagner.

Dans cet état de choses, nous avons dû renoncer
aux emplois qu'on nous refuse et qu'on a droit de nous
refuser. Cependant nos condamnations nous ont fait
éprouver des pertes dont nous souffrons encore, et dont
nos familles souffrent avec nous; ces pertes, nous les
avons éprouvées pour le pays; et, puisque le gouvernement ne veut ou ne peut pas nous accorder des emplois
qui nous auraient indemnisés, sans charger le trésor,
nous nous adressons à la patrie que vous représentez.
Serait-il possible qu'elle ne fût généreuse que pour les
vendéens et les émigrés, qu'elle leur eût rendu large-

ment ce qu'ils avaient perdu en combattant contre elle, et qu'elle refusât de nous rendre ce que nous avons perdu en combattant pour elle ? Ce n'est pas, il s'en faut de beaucoup, un milliard que nous lui demandons. Si elle ne vous a pas donné un mandat impératif attestant qu'elle veut nous traiter en marâtre, nous, ses enfans fidèles et dévoués, lui supposerez-vous une volonté si injuste, et prendrez-vous sur vous de la déclarer inhumaine et ingrate ?

Il faut, Messieurs, vous dire toute la vérité : nous avons mission pour la dire, vous avez mission pour l'entendre, et le moment est venu où elle doit se dévoiler tout entière. Quel que soit le secret motif de la prédilectn apparente du gouvernement pour les gens de la Restauration, on s'en inquiète généralement. La malveillance observe que Cromwel moins hardi, moins ambitieux, ou moins heureux, aurait trouvé un consolant pis-aller dans le rôle de Monck. On se dit tout bas à l'oreille que la Révolution de juillet, entraînée hors de sa route naturelle, marchant d'un pas douteux entre la liberté et la légitimité, mais plus près de celle-ci, aura laissé ou introduit dans l'armée et dans l'ordre civil plus d'un Bourmont et plus d'un Fouché ; que la guerre qui s'approche peut commencer par un revers ; qu'un nouveau Waterloo peut amener une nouvelle capitulation de Paris, qui serait violée comme la première ; que la France ne serait pas plus épargnée que la Pologne mille fois moins coupable et moins redoutable que nous, aux yeux de la Sainte-Alliance ; qu'une nouvelle Restauration aurait par milliers des Trestaillons, à qui elle donnerait plus de licence ; qu'elle retrouverait en arrivant ses juges tout installés, et ses anciennes listes de jurés ; que, si les étrangers ne demandent nominativement que les grosses têtes, ils veulent qu'on se défasse à tout prix des simples patriotes ; que tout ce qui a concouru à la révolution de juillet, tout ce qui en a accepté les bénéfices ou la solidarité , serait infailliblement proscrit. Là , Messieurs , dans ces sinistres prévisions se trouve peut-être le secret des émeutes spontanées , que nous croyons expliquer, sans prétendre les juger. Pour nous, Messieurs, nos antécédens et la signature de cette pétition deviendraient nos arrêts de mort ; nous avons trop l'expérience des hommes et des choses pour en douter un instant. Au train que prennent les affaires, nous voyons clairement une troisième Restauration , si non probable au moins très-possible ; fasse le ciel qu'elle ne soit pas aussi prochaine ! Et l'indemnité que nous sollicitons de vous deviendrait alors , pour ceux des condamnés politiques qui n'auraient pas le bonheur de périr les armes à la main , une indemnité de route qui les aiderait à gagner un lointain asile, où ils pourraient reposer leur tête, en attendant un nouvel affranchissement de la patrie.

La réhabilitation est si juste en elle-même, qu'un des premiers soins du Gouvernement de Juillet fut de la décréter par ordonnance ; mais la raison dit, et des faits affligeans attestent qu'une ordonnance ne suffit point ; il faut une loi politique pour abolir des arrêts définitifs. C'est à vous, Messieurs, de voir si cette loi peut décemment nous être refusée. Quand vous examinerez cette question, n'oubliez pas qu'une foule de condamnés politiques ont été envoyés aux galères ; n'oubliez pas que plusieurs de ceux-là même n'avaient point conspiré ; n'oubliez pas que , parmi les conspirateurs, plusieurs n'avaient cédé qu'aux suggestions perfides de la police ; n'oubliez pas surtout les veuves et les enfans de ces malheureux gardes nationaux d'Arpaillargues et de Montpellier, qui ne s'étaient armés qu'à la voix de l'autorité pour défendre l'ordre public, et qui, pour cela seul, ont été flétris, ont langui dans les bagnes ou sont morts sur l'échafaud ; n'oubliez pas non plus les familles de ces deux infortunés de l'Isère, que le télégraphe ordonna de *tuer toujours*. Non, vous ne pourrez pas refuser à ces enfans et à ces femmes une loi qui réhabilite la mémoire de leurs maris et de leurs pères ; et ce n'est pas vous qui diviserez en catégories les condamnés politiques qu'ont unis le même patriotisme, le même dévouement, les mêmes périls, les mêmes infortunes, et qu'unissent encore les mêmes espérances.

Nous sommes, avec un profond respect,

Messieurs,

Vos très-humbles et très-obéissans serviteurs,

Les Membres de la Commission des Condamnés politiques :

A. Corréard, *directeur du Journal du Génie civil, membre de la Légion-d'Honneur* ; H. Ledain, *docteur en médecine* ; Dufey, *avocat* ; Brissaud, *ancien rédacteur en chef-gérant de la Gazette constitutionnelle des cultes* ; A. Duvergier, *lieutenant-colonel, membre de la Légion-d'Honneur, décoré de la croix de Juillet* ; Zénowicz, *colonel d'état-major, membre de la Légion-d'Honneur* ; Esneaux, *homme de lettres* ; Bonnin, *publiciste* ; Vial, *négociant, décoré de la croix de Juillet* ; B. Laroche, *homme de lettres*.

Paris, le 15 novembre 1832.